DISCOURS

Prononcé à l'Assemblée générale des Citoyens de la Commune de NOGENT-SUR-MARNE.

Le 12 Prairial de la seconde année de la République Française, une et indivisible, jour de l'anniversaire du 31 mai 1793, (style esclave.)

Par ARISTIDE VALCOUR;

Imprimé par Arrêté de l'Assemblée générale de la Commune de Nogent-sur-Marne, le Décadi 20 Prairial de l'an 2e. de la République Française, une et indivisible.

De l'Imprimerie de RENAUDIERE jeune, Imprimeur du District du Bourg-l'Égalité, maison du Directoire.

An 2e. de la République Française, une et indivisible.

DISCOURS

Prononcé à l'Assemblée générale des Citoyens de la Commune de Nogent-sur-Marne.

Citoyens,

LE jour heureux dont nous célébrons l'anniversaire est, sans contredit, une des époques les plus glorieuses de la Révolution : ce fut celle qui consolida la Liberté.

Quatre époques mémorables sont consacrées dans la Révolution Française :

    Le 14 Juillet,
    Le 10 Août,
    Le 21 Janvier,
    Et le 31 Mai.

Sans cette dernière, nous aurions, à coup-sûr, perdu tout le fruit des trois autres.

Jettons un coup-d'œil rapide sur ces événemens à jamais immortels, et sur les crimes qui les nécessitèrent.

Le Peuple Français, las de 14 siècles de servitude, se lève en masse, brise ses fers, et met en fuite les vils soutiens d'une cour corrompue et corruptrice.

Ce fut le 14 Juillet.

Depuis 14 siècles, des rois.... que dis-je ? des rois !... des tyrans féroces et sanguinaires, des antropophages couronnés, des mangeurs d'hommes, qui se croyoient des dieux, appesantissoient leur sceptre d'airain sur une nation sensible, aimante et généreuse ; ils se croyoient des dieux !... Eh ! les misérables, n'étoient pas même des hommes.

Vingt-cinq millions d'individus étoient forcés d'obéir aux caprices d'un seul ; et cette formule insolente : *Car tel est notre bon plaisir*, étoit un attentat au droit sacré des Nations, et faisoit rougir l'humanité.

La nature entière sembloit ne suivre ses loix immuables, et ne se reproduire à chaque instant que pour assouvir leurs appétis déréglés. C'étoit pour le tyran que le respectable laboureur conduisoit la charrue ; c'étoit pour le tyran que l'estimable vigneron enduroit l'ardeur brûlante des étés et les frimats de l'hiver ; c'étoit pour le tyran que l'homme cultivoit les arts, les sciences : tout se faisoit pour un seul homme. Et comment payoit-il les sueurs des malheureux ?.... Les impôts reproduits sous mille formes différentes, le privoient de l'absolu nécessaire ; et, si une mauvaise année le mettoit hors d'état de payer, son chétif avoir étoit englouti, ses meubles vendus ; lui-même, arraché à sa femme, à ses enfans, étoit traîné dans les cachots.

De quels monstres l'ogre royal étoit-il entouré ? d'une ménagerie de vautours, de vampires dévorans qui achevoient de succer le sang du Peuple. Les courtisans, les ministres, les gouverneurs, les intendans, les subdélégués, les fermiers-généraux et leurs commis, tous scélérats vomis par l'enfer pour le désespoir du pauvre, se partageoient insolemment ses dépouilles, et le malheureux paysan étoit traîné aux galères, pour avoir tué un lapin qui détruisoit l'espoir de sa récolte.

L'équipage d'une femme sans pudeur, d'une catin déshonorée, est accroché par le carrosse d'un ambassadeur ; elle s'en plaint : la guerre est déclarée ; et trois cents mille hommes, peut-être, ont péri dans cette guerre funeste, parce que le carrosse d'une courtisanne avoit été retardé dans sa course !....

Toutes les boucheries héroïques qui ont fait

couler le sang Français sous le règne des tyrans, n'avoient guères d'origine plus importante.

Une femme du Peuple avoit-elle eu le bonheur, ou plutôt le malheur de plaire à un de ces scélérats qu'on nommoit *grands Seigneurs* ? la femme étoit enlevée à son mari et à ses enfans; et si son époux réclamoit, un cachot le sequestroit aussi-tôt de la société.

Le pauvre plaidoit-il contre le riche ? il étoit sûr de perdre son procès.

Mais qui pourroit entreprendre de retracer tous les exemples de perversité, de scélératesse, que présentoit l'ancien régime ? Ce gouvernement détestable n'offroit à l'œil épouvanté que des exactions, des impôts, des injustices, des lettres-de-cachet, des cachots, des tourmens, des tortures, le désespoir, la misère et la mort.

L'Hercule Français fit l'essai de ses forces; il renversa la tyrannie. Mais trop bon, trop humain, trop confiant, il laissa le despote sur le trône, et le despote machina dans l'ombre, et nous prépara de nouveaux fers.

Il essaya de prendre la fuite, dans l'espoir de rentrer à force armée : il fut saisi, ramené.... Dès cet instant, sans doute, il devoit expier ses forfaits sur l'échafaud; mais il avoit des amis dans la représentation nationale d'alors, et l'on pardonna au meurtrier qui auroit voulu faire égorger dix millions de Français.

La Constitution fut revisée ; elle fut faite toute à l'avantage du tyran, et le tyran l'accepta, se réservant néanmoins intérieurement le droit de fausser son serment aussi-tôt qu'il le pourroit, parce qu'elle le privoit de quelques foibles portions de son autorité.

Dès ce moment, tout fut employé pour égorger en masse la Commune de Paris, et, par suite, la majorité des départemens. Peu lui importoit, à ce monstre couronné, de regner sur des ruines et sur des cadavres ; il auroit regné, c'étoit tout ce qu'il desiroit. Le sang auroit coulé par terreur, et la féroce Autrichienne auroit enfin goûté le plaisir barbare qu'elle avoit si souvent desiré, de se baigner dans le sang des Français.

Mais l'Être-Suprême, protecteur de la cause de la Liberté ; l'Être-Suprême, qui veille sur les destins de la France ; Dieu, dont l'être le plus incrédule est forcé de reconnoître l'existence ; s'il considère que les complots, mille fois renouvelés contre nous, n'ont pu être déjoués que par les bienfaits de la Providence : l'Être-Suprême, dis-je, déjoua encore ce complot horrible....

Dans ce château, ou plutôt dans ce repaire affreux, qui ne renfermoit que des furies et des tigres, l'heure fatale étoit désignée : les fers étoient forgés, les potences plantées, les échafauds dressés; déjà la façade grondoit au loin; la mort étoit à l'ordre du jour.... Elle y fut aussi à l'ordre du jour, la mort! la mort terrible et vengeresse! Le peuple se leva de nouveau. Tel un torrent impétueux s'élance, se précipite du sommet des montagnes, franchit tous les obstacles, et entraîne avec lui tout ce qui peut l'entraîner dans sa course rapide; tel le Peuple de Paris s'élança vers l'antre affreux qui renfermoit ses ennemis. On osa faire feu sur lui; mais rien ne peut arrêter son courage : il triompha. Quelques Patriotes périrent; mais les lâches satellites du despote imbécile et féroce mordirent la poussière, et le lâche assassin du Peuple chercha, avec son odieuse famille, un asile dans le temple sacré des Loix, qu'il avoit si souvent violées.

Ce jour terrible fut le 10 août.

Une nouvelle Représentation nationale fut nommée pour prononcer sur le sort du tyran, et sur l'espèce de gouvernement à donner à la France.

Les premiers pas de la Convention furent

marqués par un bienfait inestimable : La République fut décrétée.....

Vive la République.

Le despote trouva cependant encore des amis dans cette réunion d'hommes qui n'étoient pas tous purs. Il n'est point de moyens que les royalistes n'aient alors employés pour sauver les jours de l'infâme Capet ; mais les Représentans, dignes de la confiance du Peuple Français, l'emportèrent, et la tête de Capet tomba.

Ce jour à jamais célebre dans les fastes des hommes libres, fut le 21 janvier 1793.

Honneur au 21 janvier !

La France étoit purgée du plus horrible fléau. La France se crut libre : elle ne l'étoit pas encore.

Le fédéralisme impur vomit ses poisons dans les départemens. Cet hydre à huit têtes élevoit fièrement la plus forte jusques dans le sein de la représentation nationale ; et, du milieu d'un marais fangeux, elle lançoit ses traits empoisonnés sur tout ce qui l'entouroit. Mais ces traits ne purent s'élever jusqu'au sommet de la montagne. Un petit nombre de nouveaux *Guillaume Tell* siégeoit sur ce sommet sacré : les forces n'étoient pas égales ; le peuple seul, par sa volonté suprême, pouvoit décider la victoire, et pour la troisième fois, le Peuple se leva, mais calme, mais majestueux. L'hydre impur du fédéralisme reconnut, en tremblant, le souverain ; il s'enfonça dans le limon du marais, et la montagne triompha !....

Vive la république ! vive la Montagne !

Ce jour à jamais célèbre, ce jour qui déjoua la trame la plus infernale, celle qui, par des sentiers écartés, nous rameneroit au royalisme, à l'esclavage, et qui rivoit pour jamais nos fers, ce jour heureux dont nous célébrons aujourd'hui l'anniversaire, fut le 31 mai, dont le souvenir ne s'éteindra jamais.

Honneur ! mille fois honneur au 31 mai !

Oui, Citoyens, ce jour mémorable a sauvé la France, a consolidé la Liberté, et fondé la République sur des bases inébranlables.

En effet, avant le 31 mai, les complots se renouvelloient de toutes parts ; les royalistes levoient insolemment leur tête audacieuse ; de méprisables écrivains, indignes du nom d'hommes-de-lettres, prêchoient ouvertement la révolte, la désobéissance aux loix, le mépris de la Représentation nationale et des Autorités constituées. Tous les généraux nous trahissoient ; nos armées, malgré le courage invincible de nos frères d'armes, étoient continuellement vendues et livrées : l'horrible fléau de la Vendée sembloit devoir être éternel....

Depuis le 31 mai, comme tout est changé !

Le désespoir impuissant des contre-révolutionnaires n'a cependant pas cessé sur-le-champ : des scélérats ont su mettre à profit, même les actions du peuple les plus sages, les plus philosophiques, les plus raisonnées.

Le peuple avoit enfin senti que les prêtres qui prêchoient le sang et le carnage, au nom d'un Dieu de paix ; les prêtres qui avoient suscité la guerre désastreuse de la Vendée, et qui, le crucifix d'une main et le poignard de l'autre, se gorgeoient du sang de leurs frères ; les prêtres, qui, dans tous les temps, ont été les fléaux de l'humanité, et qui, dans tous les siècles, ont fait couler le sang par torrent ; le peuple sentit, dis-je, que les prêtres étoient des imposteurs avides de carnage. Il avoit appris que c'étoit à leur ambition, à leur soif de regner, à la coalition du sceptre avec l'encensoir, que les siècles passés avoient dû la fureur des croisades, les guerres religieuses, les massacres de la Saint-Barthélemy, les massacres des Cévennes, les Vêpres Siciliennes, les bûchers d'Espagne et de Portugal, et toutes les boucheries infernales faites au nom du Dieu qui créa l'homme pour aimer, protéger et secourir son semblable.

Il avoit appris que c'étoit aux prêtres qu'on devoit les assassinats juridiques de Sirven, de Calas, de Montbailly, de la Barre, et d'un million d'autres victimes du fanatisme et de la superstition.

Il savoit que c'étoit aux prêtres qu'on devoit les divisions des familles, la séparation des époux, la séduction de l'innocence....

Eh! qu'étoient-ils, ces prêtres qui, ministres du Très-Haut, devoient être des anges de paix, les avocats du pauvre, les soutiens de la pudeur et de la foiblesse, en un mot, des êtres parfaits!

Ils étoient!... moins que des hommes.

Privés par une loi directement opposée aux loix de la Nature, et de la religion même qu'ils enseignoient, (car ils ne la professoient pas) privés, dis-je, du doux plaisir d'être pere, privés des embrassemens d'une épouse chérie, et des caresses de ces innocentes créatures qui naissent pour perpétuer leur existence ; ces hommes en qui la voix de la Nature outragée parloit plus haut que la voix de la superstition, débauchoient les filles, les femmes foibles de leurs paroissiens. Nous en avons eu des milliers d'exemples ; et, ce qui fait frisonner d'horreur, c'est que souvent le fruit de leur libertinage, étouffé dans le sein d'une mère coupable..... Ecartons cette idée affreuse! Réfléchissons simplement que le célibat est un crime ; qu'en consultant les registres criminels, on trouvera cent coupables célibataires sur un seul père de famille; que le célibat est la ruine des mœurs, et porte le déshonneur dans le sein des familles qu'il désunit.... Nous avons quelquefois plaisanté sur l'adultère, en persifflant les maris qu'on supposoit trahis par leurs épouses; nous faisions du crime un objet de raillerie, parce que nous étions corrompus. Citoyens, ne plaisantons jamais sur cet objet important. La chasteté conjugale tient essentiellement aux mœurs, et sans mœurs il n'y a point de liberté. Si nous n'avions point de mœurs, nous retomberions bientôt dans l'esclavage ; nous aurions bientôt des rois.... Des rois ! Ne frémissez-vous pas tous, comme moi, à ce nom détesté ?... Vous en auriez cependant! Vous auriez des bastilles, des lettres-de-cachet, des fers, des cachots, des tortures et des bourreaux.

Je me suis écarté de mon sujet : revenons aux prêtres.

Ils ont prêché des dogmes qu'ils ne croyoient pas; car s'ils les eussent crus, ils les auroient pratiqués.

Faites ce que je dis, et ne faites pas ce que je fais : tel étoit leur principe, principe absurde.

Car, pour bien prêcher, il faut prêcher d'exemple ; mais ils ne le faisoient pas, je le répète, parce qu'ils n'y croyoient pas. Ils nous disoient de le faire, parce qu'ils avoient intérêt que nous y crûssions, pour nous dominer, nous museler, et vivre à nos dépens.

La vérité est éternelle.

Il existe un Dieu. Quand l'athée se lève, son premier mouvement, quoique machinal, est de lever les yeux au ciel, parce que le ciel est au-dessus de lui, et que Dieu est au-dessus de l'homme. Si l'athée tombe et se blesse, le premier cri qu'il jette malgré lui, est celui-ci : *O mon Dieu !* Mais cette vérité éternelle est simple, claire, pure comme son auteur :

Il existe un Dieu.

Ne fais pas à autrui ce que tu ne voudrois pas qu'on te fît.

Fais toujours aux autres ce que tu voudrois qu'on te fît à toi-même.

Dans l'incertitude si une action est bonne ou mauvaise, abstiens-toi de la faire.

Voilà de ces vérités de tous les temps ! Voilà

de ces dogmes que tous les Législateurs, depuis Confucius jusqu'à Jesus, ont enseignés aux hommes.

Mais qu'est-ce que des mystères ? Qu'est-ce qu'une religion qu'on ne conçoit pas ?... Ce n'est pas Dieu qui a parlé de mystères aux hommes ; ce sont les hommes-prêtres qui les ont inventés, parce qu'ils avoient intérêt d'effrayer, d'abrutir l'entendement humain, pour regner. Un Dieu qui diroit : *Crois fermement un mystère, un dogme que tu ne conçois pas*, ressembleroit à Capet, qui disoit au Peuple qu'il étoit *bon, humain*, qu'il étoit *le père des Français*, et qu'il vouloit les forcer à le croire. Eh ! qui de nous l'a cru, Citoyens ? Personne. Eh-bien ! c'est la même chose.

Le peuple a vu tout cela ; le peuple a dit : *Les prêtres sont des charlatans : on peut servir Dieu sans prêtres.* Ces derniers ont eu beau jouer des gobelets et retourner la gibecière, le peuple n'a plus ajouté foi à leurs tours de passe-passe, parce que le peuple avoit vu sauter la muscade.

Mais comme on abuse de tout, même de la vertu, les scélérats ont profité de ce mouvement sublime pour en empoisonner les suites. Ils ont voulu insinuer au peuple qu'il n'existoit pas de

Dieu.... Il n'existe pas de Dieu, malheureux ! Lève la tête, si tu l'oses encore ! Considère le firmament ! Vois la marche régulière de tant de soleils qui éclairent les mondes ? Jette les yeux sur toute la nature, et rougis de ses bienfaits ! Il n'existe pas de Dieu !.... et la France triomphe ; elle subsiste encore, malgré nos abominables complots ! Oui, il existe un Être-Suprême, pour la consolation des bons, pour le supplice éternel des méchans. Les scélérats voudroient qu'il n'en existât pas, pour n'avoir point de secret témoin de leurs crimes ; mais il est un accusateur invisible que l'Eternel a placé au fond de leur cœur impur, comme un vautour impitoyable et dévorant ; c'est le remords.

Sans la conviction intime de l'homme, relativement à la divinité, l'homme s'abandonneroit par degré à tous les crimes ; il perdroit bientôt la liberté. Ils le savent, les scélérats, et ce moyen leur a paru assuré pour ramener le despotisme ; car, je le répète, sans les mœurs, sans la vertu, il ne peut exister de République.

Mais leurs folles espérances ont encore été déçues. La Convention nationale a vu le piége affreux dans lequel ces monstres vouloient entraîner les Républicains. Elle a proclamé, reconnu hautement l'existence de l'Être - Suprême et l'immortalité de l'ame, et toute la France a applaudi avec transport, parce que toute la France pensoit comme ses Représentans. Les perfides instigateurs ont courbé leurs têtes humiliées dans la poussière, et ne l'ont relevée que pour la perdre sur l'échafaud. Telle fut la fin d'Hébert, qui avoit surpris la confiance du peuple, sous le nom de *Père Duchesne* : telle fut la fin de ses complices.

Un autre complot aussi criminel fut de forcer la France entière, et particulièrement Paris, le centre de force et d'unité ; Paris, qui a commencé la Révolution ; Paris, qui en fut l'atlas infatigable, et qui, dans tous les temps, en soutient presque tout le poids, de forcer, dis-je, les Républicains à faire un pas terrible, puisqu'il eût été rétrograde, et qu'il fût devenu le tombeau de la Liberté, à demander enfin l'ancien régime.

Ce moyen étoit l'accaparement des subsistances, la cherté des denrées, en un mot, la disette.

Le Peuple a encore vu le piége, et a su l'éviter. Les scélérats, soudoyés par l'infâme Pitt, l'exécration du monde entier, ont rugi de fureur de voir le calme imposant du Peuple Français, sa fermeté stoïque, et la constance vraiment Républicaine avec laquelle il a souffert les privations et la surhausse du prix ordinaire des denrées.

Les traîtres ont encore payé de leurs têtes leur infamie et leur scélératesse.

L'équilibre n'est cependant pas encore parfaitement rétabli, parce que nous sommes encore nouveaux en République, parce que nous n'avons pas encore toutes les vertus qui caractérisent le vrai Républicain L'égoïsme subsiste encore ; l'envie de s'enrichir, la soif de l'or n'est pas encore tarie dans le cœur de l'homme : et c'est ce qui tient les denrées à un prix au-dessus du cours ordinaire.

Quelques habitans des campagnes ont craint de porter leurs denrées à Paris.

C'est ce qui a occasionné la disette ; ils ont dit : *Paris engloutit tout*. Mais ils n'ont pas réfléchi que Paris étoit la Commune la plus peuplée de la République, et que son sol ne produit rien. C'est la fable des membres et de l'estomac :

Les membres dirent un jour : » Pour qui tra-
» vaillons-nous ? pour un estomac qui ne tra-
» vaille point avec nous : cessons de travailler
» pour lui... ».

Aussi-tôt les pieds et les mains cessèrent d'agir. L'estomac en souffrit ; mais les pieds et les mains cessèrent d'exister avec lui. Tout périt à-la-fois.

Il en est de même de Paris et des départemens.

C'est à Paris qu'existe la représentation nationale, dont les décrets immortels ont sauvé la France.

C'est à Paris qu'existent ces deux comités, sauveurs de la République, l'effroi du crime, et les soutiens de la vertu.

C'est à Paris qu'existe cette société célèbre, qui, dans les temps orageux, lutta seule contre les contre-révolutionnaires, même contre ceux qui siégeoient dans le sein de l'assemblée nationale.

C'est de Paris que la Liberté s'est élancée d'un vol rapide, et a plané sur tous les points de la République.

Paris comprend donc l'estomac et la tête du corps politique; si les bras et les pieds refusoient de travailler pour assurer sa subsistance, ce seroit creuser le tombeau de la République entière.

Mais il étoit un autre inconvénient.

Dominé par l'appât du gain, et sûr que la crainte de manquer feroit payer ses denrées au poids de l'or, l'habitant des campagnes a mis à un prix exhorbitant ce qu'il apportoit à Paris, même au mépris de la Loi sur le *Maximum*.

Il a privé souvent, par cet espoir coupable, ses concitoyens de la même Commune des choses les plus nécessaires à la vie : cela se voit encore tous les jours. Eh-bien! mes amis, qu'est-ce qu'un peu d'argent de plus ou de moins ? Est-ce la richesse qui fait le bonheur ? Ne sommes-nous pas tous frères, tous amis, tous enfans de la même mère, la Patrie ? Devons-nous profiter du besoin de notre frère, de notre ami, pour nous enrichir à ses dépens ? Cette conduite n'est-elle pas indigne d'un Républicain, d'un honnête homme ? N'est-elle pas réellement contre-révolutionnaire ? Et les hommes, indignes du nom de citoyen, qui se laisseroient entraîner à cette action coupable, ne doivent-ils pas craindre la vengeance des loix, dans ce moment où le gouvernement révolutionnaire, le plus sévère, mais le plus juste, le plus indispensable de tous dans les circonstances actuelles, ne laisse aucun crime impuni ?...

Voilà, Citoyens, le tableau de ce qu'ont encore osé les ennemis de la Liberté, depuis le 31 mai.

Mais considérez aussi les biens qui en sont la suite !

Le gouvernement révolutionnaire organisé (et c'est le seul qui pouvoit faire triompher la liberté) l'infâme Autrichienne et la sœur du tyran, qui partageoient ses odieux complots, frappées du glaive des Loix ; tous ces monstres, ennemis de la République, portant chaque jour leurs têtes coupables sur l'échafaud ; nos généraux sans-culottes conduisant nos frères d'armes de victoires en victoires ; tous les jours, pour ainsi-dire, marqués par de nouveaux triomphes ; les tyrans frappés de consternation ; par-tout leurs lâches satellites fuyant devant les soldats de la Liberté ; par-tout les airs résonnant des hymnes patriotiques des hommes libres ; l'arbre saint de la Liberté planté sur le Mont-Cenis, sur les montagnes les plus escarpées du territoire des despotes étrangers ; le pavillon tricolore flottant sur toutes les mers ; la majesté, la souveraineté du Peuple Français portant la terreur jusques sur les degrés des trônes des Cannibales couronnés ; dans l'intérieur, la joie peinte sur tous les fronts ; la fraternité, l'amitié réunissant tous les cœurs ; la représentation nationale, bénie à chaque instant ; les autorités constituées en vénération, les loix respectées, et les Républicains bénissant l'Eternel, dont les bienfaits sont tracés sur chaque sillon, sur chaque sep de vigne, sur chaque particule du territoire Français ; tels sont les heureux résultats qu'a produit le 31 Mai. Bénissons, ô mes frères, bénissons ce jour à jamais célèbre ! Rendons hommage à celui qui le créa, qui créa les jours, les années et les siècles ! Rendons-nous dignes de ses bienfaits ; soyons vertueux, et que : *Vive la République*, même à l'heure de notre mort, soit notre dernier cri !